ENCORE

UNE CONSTITUTION

INCOMPLÈTE.

DE L'IMPRIMERIE DE MADAME VEUVE JEUNEHOMME,
rue Hautefeuille, n° 20.

ENCORE

UNE CONSTITUTION

INCOMPLÈTE.

PAS D'HÉRÉDITÉ DANS LA NOUVELLE
NOBLESSE

UNE RESTRICTION AU *VETO* ABSOLU.

LE DROIT DE FAIRE LA PAIX ET LA GUERRE
PARTAGÉ PAR LES DEUX CHAMBRES.

Par M. GRENIER.

~~~~~~~~~~~~~~~~~~

PARIS,

PLANCHER, rue Serpente, n° 14.
V° JEUNEHOMME, rue Hautefeuille, n° 20.
DELAUNAY, Libraire, au Palais-Royal.

1815.
~~~~~~~~~~~~~~~~~~

ENCORE UNE CONSTITUTION

INCOMPLETE.

Nos espérances seront-elles toujours déçues?
Préparerons - nous sans cesse des réactions,
et n'atteindrons-nous jamais au résultat dont
notre zèle s'est flatté? Sommes - nous donc
si faibles, si lâches, si éminemment esclaves,
qu'il soit dangereux de briser nos fers, et
qu'au lieu de cette liberté promise, nous ne
méritions qu'une servitude abhorrée? Du
moins l'esclave a une vertu, il s'accommode
de sa condition, et sait dévorer sa misère; et
nous, qui ne saurions pas être libres, nous se-
rions pourtant impatiens du joug; nous chan-
gerions sans cesse d'état sans changer de condition, et toujours mobiles, toujours re-
muans, toujous révolutionnés, il nous faudrait sans cesse de nouveaux maîtres et des
chaînes nouvelles.

O! combien l'on se trompe sur le caractère
national et les dispositions actuelles des Fran-

çais! Nous avons fait un grand pas vers la civilisation : désormais on ne peut plus nous faire rétrograder ; les nations sont émancipées, comme l'a dit M. Grégoire : heureux l'homme qui se mettra à la tête de notre siècle, et proclamera les institutions que nos besoins commandent ; il fera une conquête impérissable de gloire et d'immortalité ; mais malheur à ceux qui voudraient arrêter la progression des lumières ; le torrent gronde, leur délire les a précipités.

Les Français ne sont plus ce peuple léger et frivole qui plaisantait sans cesse, qui oubliait aujourd'hui les maux de la veille, pour qui l'expérience était toujours perdue. La nation est devenue grave et sérieuse ; quiconque a traversé la révolution est persuadé de cette vérité. Les Français sont devenus penseurs, ils ont médité sur les causes de la félicité et des malheurs des peuples ; ils se sont convaincus que tout désordre naît de l'anarchie et du despotisme, que le repos est entre la licence et l'oppression, et que toute institution politique a pour base la volonté du peuple et le plus grand bien de tous. Pénétrés de ces vérités fondamentales depuis vingt-cinq ans, ils s'agitent et combattent pour leur triomphe ;

leur courage n'est pas lassé , leur persévérance sera inépuisable ; ils ont fait, ils pourraient faire encore des révolutions.

Mais le mouvement révolutionnaire est - il terminé? Un grand homme comblera-t-il sa gloire en achevant l'œuvre de notre régénération? Allons-nous enfin obtenir le prix de tant de grands efforts et de glorieux travaux? Va-t-il nous assurer les institutions qu'il nous a promises? Ces institutions seront-elles empreintes de cette libéralité, de cette indépendance, qui caractérisent les hommes appelés à les préparer?

Les amis de la liberté s'abandonnaient aux plus flatteuses espérances; ils ont toujours rendu justice au héros qu'on a calomnié ; ils savent que ses intentions n'ont jamais cessé d'être généreuses, qu'il a toujours aimé la France, et a voulu la rendre grande et florissante ; qu'il l'a voulu par des moyens difficiles , peut-être dangereux ; mais que si les résultats ont trompé ses calculs , ils n'ont pas corrompu son cœur, et ont éveillé sa prudence. Il renoncera au système de la confédération européenne auqu : la civilisation aurait applaudi (1) ; il occupera, disaient-ils exclusi-

____

(1) Un lien fédératif qui unirait entre elles les na-

vement de la France, le génie qui, dans sa philanthropie, embrassait toutes les nations, il nous laissera surtout le plus de liberté possible. Pourquoi nous opprimerait - il? Son joug a pu s'appesantir dans les temps pour s'accommoder à ses projets, et nous forcer à les servir; n'ayant plus les mêmes sacrifices à imposer, il n'a plus besoin de cette force qui nous les arrachait.

Malheureusement une partie de leurs espérances est trompée; la constitution vient de paraître, et elle ne répond ni à l'expérience du siècle, ni aux vœux, ni aux besoins de la nation. Il est à remarquer qu'elle semble être calquée sur la charte que Louis xviii nous avait si généreusement octroyée. Si la charte de Louis xviii eût été bonne, il n'y aurait pas

---

tions de l'Europe, aurait l'avantage d'offrir de plus grandes garanties de paix, en soumettant à des négociations les difficultés que l'on décide aujourd'hui à coups de canon, et en associant à la puissance injustement attaquée les forces de la confédération.

L'abbé de Saint-Pierre avait songé un des premiers aux moyens d'assurer à l'Europe *une paix perpétuelle;* Rousseau a mis ensuite en théorie cette pensée si philanthropique.

de mal à cette ressemblance ; mais comme elle était plus qu'imparfaite, il est fâcheux qu'elle soit le modèle que l'on s'est proposé.

Eh ! Napoléon ne sait-il pas qu'avec les réticences coupables de sa charte, et le pouvoir immense qu'il s'était arrogé, Louis xviii avait indisposé l'opinion et préparé sa chute ? Napoléon méconnait-il cette opinion dont il vient récemment d'apprécier les effets ? L'égarerait-on encore à dessein de le perdre ? Les hommes passent, les institutions demeurent : c'est plus un changement d'institution qu'un changement de dynastie que la France a voulu ; celui qu'elle a accueilli avec une joie si franche et une confiance si généreuse, trahirait-il ses espérances, oublirait-il la condition de son retour ?

Non, sans doute, la constitution présentée ne sera pas définitive. Si le peuple n'y trouve pas les garanties et les stipulations qu'il désire, les circonstances viendront où il pourra oppérer des additions et des changemens, conformément *à sa volonté et à ses besoins.*

Je n'entends pas discuter ici l'*Acte additionnel* aux constitutions, article par article, ni présenter le système d'une autre constitution ; il faudrait pour cela une expérience qui me manque, et des méditations que je n'ai point faites : je me bornerai à signaler quelques articles qui me semblent les plus vicieux, et à marquer des lacunes essentielles.

1° Pourquoi ne pas présenter le tableau entier des constitutions, et n'avoir pas réuni dans un seul cadre les articles qui les composent. Pour faire un bon système, il faut que les parties élémentaires d'un tout soient préparées et combinées ensemble. Si elles n'appartiennent pas à la même pensée, à la même conception, il est rare qu'elles s'enchaînent et se coordonnent. Dans les anciennes constitutions, quel article est maintenu ? quel article est abrogé ? que de difficultés ! que de complication dans des lois qui devraient être si simples ! Il faudra des *in-folio* pour commenter les articles et concilier les contradictions. Nous éprouvions déjà cet embarras dans nos lois civiles, faut-il encore qu'on l'introduise gratuitement dans notre droit politique ?

L'inconvénient n'a pas échappé aux rédacteurs de l'*Acte additionnel;* mais ils avaient bien un motif pour le braver; motif bien puéril, bien faible ! On a voulu donner une légitimité actuelle à Napoléon, et il a bien fallu conserver les anciennes constitutions, qui sont le fondement de ses droits.

Mais les vœux de la nation ne sont-ils pas suffisamment prononcés en sa faveur; et, par la force des choses, n'est-il pas notre point unique de ralliement? Il n'avait pas besoin de l'autorité d'anciennes constitutions, qui peut-être n'ont plus de force; et s'il fallait les conserver en tant qu'elles établissaient ses droits, du moins il fallait les anéantir en tant qu'elles devaient être fondues dans un plan nouveau et coordonnées à des institutions nouvelles.

2° La nouvelle noblesse sera-t-elle héréditaire? L'institution des majorats est-elle conservée?

Nous réclamons depuis long-temps contre la noblesse, et nos réclamations frappent sur un double abus qui résulte de l'existence de cette classe.

Le premier est ce que j'appelle *prérogative morale;*

Le second est une *prérogative politique.*

L'article 59 de l'Acte additionnel anéantit ce dernier *abus*, en déclarant que *les Français sont égaux devant la loi, pour les contri-*

butions aux impôts, charges publiques, et l'admission aux emplois civils et militaires.

Ainsi, le mal est modifié dans ce qu'il avait de plus injuste et de plus révoltant, mais il n'est pas entièrement extirpé; et voyons s'il serait dangereux de l'anéantir tout entier.

La nature elle-même a jeté le fondement de l'inégalité parmi les hommes. Ne leur ayant pas donné à tous les mêmes facultés, elle n'a pas voulu qu'ils arrivassent tous au même degré de force et de perfectibilité.

Une bonne législation doit rectifier, autant que possible, les torts de la nature, et comprimer cette tendance de l'adresse et de la force vers la domination. D'une autre part, nous ne sommes heureux que par l'exercice de nos facultés, et arrêter le développement des facultés d'un être bien organisé, pour le ramener au niveau du commun des hommes, ce serait immoler la force à la faiblesse, l'esprit à la sottise, l'aptitude à l'incapacité. Dans cette position, la loi doit porter sa sollicitude sur les facultés dont le développement serait dangereux, afin d'en enchaîner l'exercice. Pour les autres, loin de les restreindre, elle doit encourager leur essor, leur assigner un but et des récompenses.

De cette manière les hommes seront enchaînés pour le mal; ils ne seront libres que dans leurs efforts vers le bien.

Ces récompenses constitueront, à la vérité, une inégalité au préjudice de ceux qui n'en jouiront pas; mais elles n'auront rien d'offensant. Oui, sans doute, l'homme de bien, le citoyen vertueux sont supérieurs aux autres hommes qu'ils ont surpassés; mais la différence qui se trouve à leur avantage consiste dans un patrimoine d'estime, de considération et d'honneurs qu'ils ont su mériter.

Au contraire, l'inégalité dont on se plaint attribue à la sottise les dotations du génie : elle donne au vice le prix de la vertu, aux mauvais patriotes la récompense des bons citoyens, et place souvent dans des chaises curules des hommes qui devraient être aux Petites-Maisons.

On peut donc, jusqu'à un certain point, imiter la nature et consacrer une inégalité qu'elle aura établie, en créant une noblesse *viagère* pour les citoyens qui auront bien mérité de la patrie.

Mais on ne peut rendre cette noblesse transmissible sans blesser la nature et la justice, à

moins qu'on trouve le secret de rendre héréditaires les talens et les vertus.

L'institution d'une noblesse viagère a cela
de bon qu'elle est un encouragement à bien
faire.

La création d'une noblesse héréditaire a
cela de vicieux qu'elle tue l'émulation dans
les successeurs du titre et décourage les autres citoyens.

Mais la noblesse héréditaire, dira-t-on, est
une partie constitutive et indispensable du
gouvernement monarchique.

Il est vrai qu'un grand publiciste l'a dit;
mais ce grand publiciste était noble, et il a
coutume d'appuyer ses raisonnemens plutôt
sur des faits que sur l'analyse de la vérité. Il
y a une noblesse héréditaire dans la plupart
des monarchies de l'Europe; donc une noblesse héréditaire est indispensable dans tout
gouvernement monarchique. Par le même
procédé on pourrait argumenter ainsi : L'Espagne est un gouvernement monarchique, et
il y a une sainte inquisition en Espagne. La
France est aussi un gouvernement monarchique, donc il faut établir la sainte inquisition en France.

Voilà quelle est trop souvent la tactique de

Montesquieu, qui du reste est un si beau génie! Si des principes pouvaient se justifier par des faits on ferait consacrer les plus pitoyables théories : l'histoire des gouvernemens n'est que l'histoire des vieux abus. Nous devons rectifier l'antiquité, et non pas l'imiter dans ses erreurs. Notre marche n'est pas rétrograde; et pourquoi prendre pour les sages combinaisons du génie ce qu'ont fait des hommes grossiers et ignorans, dans les temps où la force faisait loi, où le pouvoir ne fut jamais sans abus? L'origine de notre noblesse appartient à ces époques obscures : c'est une institution injuste, imposée par des barbares vainqueurs à des barbares assujettis.

On prétend que c'est un lien nécessaire, un anneau intermédiaire pour rattacher le peuple au prince qui le gouverne.

Oui, sans doute, il faut des intermédiaires, mais ces intermédiaires sont les corps constitués dans l'État; et si ces corps ne suffisaient pas, des citoyens riches, éclairés et vertueux pourraient suppléer à cette insuffisance, à moins que l'on ne prétende qu'il faut être absolument noble pour posséder ces qualités essentielles.

Je conclus que la noblesse héréditaire ne

vaut rien ; qu'elle n'est bonne, tout au plus, que dans l'intérêt exclusif du trône qui l'a créée, et déserte toujours la cause de la nation pour celle de ce qu'elle appelle son maître : en 89 elle s'est croisée contre la France, elle nous a suscité des guerres étrangères, et aujourd'hui elle s'agite encore pour armer l'Europe contre nous.

Ainsi les dispositions de l'article 59 sont incomplètes, puisqu'elles ne donnent aucune garantie contre l'établissement d'une noblesse héréditaire.

3° Qu'on se souvienne ici de ce principe si fécond en grandes conséquences : *que le trône est fait pour la nation, et non pas la nation pour le trône* (1). Le prince légitime n'est que celui que le peuple a revêtu de sa puissance ; et si la nature des choses veut que ce peuple délègue une partie de ses droits, la prudence l'avertit qu'il est des concessions qu'il ne doit pas faire. On ne peut lui imposer la loi ; c'est lui qui doit la dicter.

Les calamités qui affligent les peuples leur viennent presque toujours des démarches de

---

(1) Propres expressions de l'Empereur.

leurs chefs. Les princes sont des hommes ; ils ont des passions, et leur sacrifient souvent les intérêts de la nation. Il faut donc enchaîner les princes, et les mettre dans l'heureuse impossibilité de nuire : la constitution, qui est le principe de leur force et de leur existence politique, doit offrir cette garantie, que le plus méchant prince sera lié pour le mal. Le caractère le plus entier, la volonté la plus opiniâtre doivent venir se briser contre l'autorité et la force de la loi.

La prospérité d'un État dépend beaucoup de la sagesse de l'administration intérieure : mais un pays comme la France, si riche des productions de son sol et de l'industrie de ses habitans, peut cependant résister long-temps à une mauvaise économie : nos maux nous sont presque toujours venus de la guerre. Les luttes dans lesquelles nous avons été successivement engagés ont entraîné une consommation effrayante d'hommes et de choses. Elles ont appauvri nos finances et notre population. C'est donc vers la guerre que doit particulièrement se diriger la pensée des constituans : leur sollicitude doit nous environner de toutes les précautions qui peu-

vent écarter ce fléau d'une terre qu'il a si long-
temps désolée.

Eh quoi! il faudra la volonté et le concours des deux chambres et du prince, pour
donner la consistance et le caractère d'une
loi à une détermination, qui porte souvent
sur les plus faibles intérêts de la nation , et
une détermination de guerre ou de paix serait suffisamment sanctionnée par le caprice
ou la volonté d'un seul, lorsque les conséquences de la guerre pourront être désas-
trueuses, et les résultats de la paix humilians!
Ce n'est pas dans des matières d'un ordre
aussi important qu'il faut se relâcher sur la
sévérité des principes ; c'est à la nation à
apprécier les besoins d'une guerre et la nécessité de la paix. Le prince doit être ren-
fermé dans ses attributions : ses attributions
sont l'exécution de la loi ; et lorsque la loi,
qui déterminera la nature de nos rapports
avec les autres nations, aura reçu son complément par le suffrage des chambres légis-
latives, le prince s'occupera alors des moyens
de la faire exécuter.

Qu'on ne dise pas que la nécessité de s'a-
dresser aux chambres pour des subsides
d'hommes et d'argent mettra le prince dans

la dépendance des autres corps constitués (1).

Deux raisons sans réplique démontrent
l'insuffisance de cette ressource :

1° Si le prince n'a pas d'argent, et qu'il
veuille absolument guerroyer, il saura se
ménager un emprunt : il arrivera aussi que
d'autres nations pourront avoir intérêt à
l'engager dans une lutte, et lui fourniront les
moyens de mettre une armée en campagne.
Ceci est justifié par ce qui se passe actuelle-
ment en Europe : le peuple d'Angleterre ne
voudrait pas la guerre : c'est aux chambres
à voter des subsides, et, malgré leur resis-
tance, le gouvernement fait des armemens

---

(1) On opposera peut-être l'exemple de la constitution d'Angleterre; mais il ne faut pas imiter cette
constitution dans ce qu'elle a d'imparfait, et la disposition qui attribue au roi le droit de faire la paix et la
guerre, est une imperfection. Les Anglais sont moins
libres par la force de leur constitution que par la
force de leur caractère. Ils doivent ce dernier avantage à la liberté de la presse et à un bon système d'é-
ducation. Nous allons jouir de ce double bienfait; l'un
nous est déjà assuré; et un grand ministre, que l'on peut
surnommer l'*Aristide français*, vient de faire un rap-
port à l'Empereur pour nous préparer l'autre.

considérables. La Prusse était ruinée, l'Angleterre lui a fourni de l'argent pour la faire battre.

2° Le prince qui s'est une fois témérairement engagé, met les chambres dans la nécessité de le secourir : l'honneur national impose alors des sacrifices auxquels on ne se fût jamais prêté. La prudence elle-même conseille un développement de force : il faut contenir des ennemis irrités, sauver son territoire et son indépendance.

Rappelons-nous les malheurs de 1814 ; souvenons-nous que le sénat et le corps législatif nous avaient compromis par un malheureux système de faiblesse , et qu'ils nous perdirent peut-être par une résistance déplacée. Etait-ce alors que l'ennemi souillait le territoire , que des hordes de sauvages commençaient leurs brigandages et menaçaient notre indépendance, nos fortunes et nos affections les plus chères, qu'il fallait comprimer l'honneur qui s'indignait, arrêter l'élan du patriotisme, et paralyser ainsi tous les moyens de résistance ? Non, sans doute ; il eût été à désirer que le corps législatif, fidèle à son système de concessions, ne s'avisât pas d'être fort quand il n'était plus temps, et concourût, au contraire, à l'action du gouvernement et au développement de la force publique.

Évitons donc un état de choses qui met dans l'impuissance de prévenir le mal, rend la résistance dangereuse et l'énergie criminelle, et ne laisse en dernier résultat que les ressources du désespoir.

Qu'on ne dise pas non plus que le besoin de pourvoir promptement à une défense, ou celui de saisir l'instant favorable de l'attaque, s'oppose à l'intervention des chambres dans l'examen de la nécessité de la guerre.

L'Europe n'est plus dans ces temps de barbarie où les nations vivaient entre elles sans rapports, sans communications : il existe un droit des gens ; chaque gouvernement accrédite des gens auprès des autres gouvernemens pour en surveiller l'esprit et les dispositions : l'on a sait, vant même qu'une guerre se prépare, quel doit en être l'objet, en sorte que le gouvernement de l'État menacé peut provoquer à l'avance les mesures que les circonstances rendent nécessaires.

D'autre part, quand même le prince pourrait faire la guerre sans la participation des chambres, l'inconvénient que nous venons de combattre se reproduirait bien toujours selon le

système de ceux qui prétendent que le prince
est suffisamment lié par la nécessité de deman-
der des subsides : selon eux, il résulte de
cette nécessité que, pour faire la guerre, le
prince a besoin de recourir aux chambres;
en sorte que si les chambres refusent des subsides, c'est comme si elles s'opposaient à la
guerre. Or, pour avoir leur décision sur ce
point, il faut également des formes, des dé-
lais, des lenteurs, comme il en faudrait pour
connaître leur volonté sur la question de la
guerre ou de la paix. Il y a là de la mauvaise
foi ou tout au moins de la contradiction de
la part des partisans d'un pouvoir très-étendu.
Mais, disons-le, ils savent bien que la nécessité de recourir aux subsides n'enchaîne
pas le prince, et qu'il agit sans trop s'embar-
rasser si son bill passera ou sera rejeté ; d'où
il faut conclure, qu'au besoin d'une défense
plus ou moins rapide on ne doit pas sacrifier
des intérêts d'un ordre supérieur, et permettre
qu'au gré de son caprice un prince entraîne
la nation dans des chances désastreuses.

L'Acte additionnel est donc vicieux, en ce
qu'il ne renferme aucune disposition relative
au chapitre qui nous occupe, et se réfère
pour cet objet aux anciennes constitutions,

qui attribuent au prince le droit de faire la paix et de déclarer la guerre.

J'aime à croire que la garantie que la nation doit avoir à cet égard n'aura aucun objet relativement à l'Empereur. Qu'a-t-il besoin de faire la guerre désormais? Sa réputation militaire est comblée; une plus belle gloire lui reste à conquérir: il a vaincu ses ennemis sur les champs de bataille, il les provoque maintenant dans *une lutte plus généreuse, la lutte sainte du bonheur des peuples* (1). Depuis long-temps d'ailleurs la guerre n'était plus le but de ses opérations; il ne s'en servait que pour atteindre à un résultat qui lui a échappé. Mais qui peut répondre que ses successeurs seront aussi sages qu'il le sera désormais? Le sang des héros est bouillant; celui qu'il leur a transmis fermentera; ils aimeront peut-être les périls et la gloire : il faut nous prémunir contre leurs passions.

4° L'Empereur pourra ajourner ou dissoudre les chambres (art. 21).—Ne faudrait-il pas limiter ce droit, et le borner à une pre-

---

(1) Propres expressions de l'Empereur dans sa lettre aux souverains.

mière ou à une seconde session ? La persévérance successive des chambres indiquerait une
force d'opinion qui ne pourrait être attribuée
qu'à un motif puissant d'intérêt public ; or il
ne faut pas que la volonté nationale, prononc-
cée à une , deux ou trois reprises, vienne se
briser contre la volonté du prince. Entre
trente millions d'hommes qui veulent, et un
seul qui ne veut pas, y a-t-il à balancer? Une
théorie, fondée sur l'affirmative, indiquerait la
supposition déraisonnable que le prince voit
toujours bien et que de bonnes dispositions
le dirigent sans cesse, tandis que les chambres
verraient toujours mal et seraient animées
par des intentions perfides.

Des articles 2 et 25, combinés entre eux, il
résulte que l'Empereur exerce une partie du
pouvoir législatif, et que sa sanction est indispensable pour le complément de la loi. La
question du *veto* se reproduit ici, et les raisonnemens employés dans l'observation sur
l'art. 21 s'appliquent également à l'art. 25. Il
s'agit, dans l'un et l'autre cas, de la prédomi-
nence d'un pouvoir sur l'autre. Que l'Empereur partage le pouvoir législatif, c'est bien;
qu'il puisse suspendre momentanément l'action des deux chambres, c'est peut-être pru-

dent; mais qu'il paralyse entièrement la volonté réunie et persévérante de toutes deux, c'est trop fort. Un *veto* suspensif serait suffisant. Un *veto* suspensif peut avoir des inconvéniens, mais un *veto* absolu en a encore davantage : dans cette position, il vaut mieux obéir au principe, et il est de principe que le *souverain* doit l'emporter sur le *prince*. (1)

Voilà, ce me semble, les points les plus essentiels sur lesquels il faudrait revenir et opérer des changemens indispensables : il en est d'autres aussi qui appellent des modifications.

Quoi qu'on en dise de la nécessité de l'hérédité des pairs, cette hérédité n'est pas tellement indispensable qu'il faille lui sacrifier les avantages qui résulteraient d'une combinaison plus populaire. On voudrait prouver le contraire ; mais il est pourtant vrai que cette hérédité constitue une véritable noblesse avec le privilége de perpétuer dans des familles une magistrature importante.

On prétend que l'hérédité donne à la cham-

---

(1) Tout doute dans l'équilibre des pouvoirs doit s'interpréter en faveur du peuple contre le prince, par la raison qu'il vaut mieux que le gouvernement décline vers la démocratie, que s'il dégénérait en despotisme.

bre des pairs cette indépendance nécessaire à l'équilibre des pouvoirs; n'obtiendrait-on pas les mêmes résultats par l'inamovibilité? Nous prétendons bien que le pouvoir judiciaire est indépendant, et toutefois les places de magistrature ne sont pas héréditaires : nos juges sont seulement inamovibles. La même cause doit nécessairement produire le même effet. Cela fait peine de voir comment on s'y prend pour torturer les principes, selon les besoins et les vues de l'intérêt.

Un plus grand vice dans l'institution de la chambre des pairs résulte de ce que le nombre des membres n'est pas limité, et de ce que le prince peut les entasser les uns sur les autres. Cette faculté met la chambre des pairs à sa disposition. Quand la majorité lui sera contraire, il fera entrer dans l'assemblée des membres qui lui seront dévoués; ils opéreront leur jonction avec la minorité qui lui est vendue, et, par cette manœuvre, la bonne majorité sera écrasée. Cette disposition de l'art. 4 doit être nécessairement modifiée.

Que de choses il y aurait encore à dire, et sur la responsabilité des ministres, et les difficultés dont on a environné l'exécution de cette responsabilité; sur le droit indéfini de faire grâce (1); sur l'intervention du Gouvernement dans les assemblées électorales, et l'influence des présidens à sa nomination.

Le mode d'acceptation de la constitution est ce qui blesse le plus les principes; mais il faut peut-être se rendre à la sagesse des considérations qui ont déterminé le gouvernement à se servir *provisoirement* de ce mode. Les principes sont faits pour les hommes, et non pas les hommes pour les principes. L'essentiel était que la constitution fût bonne. On espère toutefois que lorsque nous serons affranchis des circonstances qui nous forcent de nous en tenir à un dépouillement de scrutin, la constitution pourra être soumise à une discussion préalable, et à une acceptation plus solennelle (2).

---

(1) Il faudrait au moins faire la distinction qui est établie en Angleterre entre les délits *læsæ libertatis*, et *læsæ majestatis*.

(2) Il ne serait peut-être pas inutile que l'on consacrât un article de la constitution à poser les limites du pouvoir exécutif : le prince exerce ce pouvoir en entier; il partage avec les deux chambres le pouvoir législatif; mais, sous la dénomination de *décret*, il lui arrive souvent de publier de véritables lois.

Il est aussi des matières d'intérêt public, que l'on a

Honneur à l'écrivain hardi qui jamais ne
transigea avec sa conscience, qui soutient

---

toujours considérées comme étant dans les attributions du pouvoir exécutif, mais qui , par leur impor-
tance, solliciteraient l'intervention des deux chambres.

La police, par exemple, est du ressort du prince;
cependant elle a une influence si grande sur la liberté
publique et individuelle, que le mode de son organi-
sation', dans les points fondamentaux , devrait être
l'objet d'une loi particulière. L'action de la police
frappe sur tout le monde. Le caractère distinctif de
la loi est d'obliger indistinctement chaque membre
du corps social.

Les bandes de *mouchards* que les gouvernemens
s'entendent si bien à organiser, empêchent que l'opinion publique se forme et que le caractère national
se développe. Les *mouchards* sont à la liberté de la
parole ce que la censure est à la liberté de la pressse.

Lorsque le *Journal de l'Empire* publia des *instructions aux lieutenans généraux de police*, nous adres-
sâmes au rédacteur du *Nain Jaune* l'article suivant :
il ne fut pas inserré.

MONSIEUR LE NAIN JAUNE.

Si la fortune ne vous a pas gâté, si vous conservez
toujours cet heureux caractère de franchise et d'indépendance qui vous a si bien établi dans le monde ,
vous ne manquerez pas de relever un article que je
viens de lire dans le *Journal de l'Empire*. S'il en était

toujours la cause de la vérité contre l'im-
posture, du faible contre l'oppresseur, et les

---

autrement, je m'empresserais de solliciter pour vous
un brevet de cet ordre de la Girouette, que vous avez
si spirituellement inventé.

Le ministre de la police a-t-il, en effet, adressé
aux lieutenans de police établis dans les départemens
l'instruction rapportée dans le *Journal de l'Empire*,
ou le rédacteur de ce journal, usant de la liberté de
la presse, a-t-il voulu faire une espiéglerie et com-
promettre la réputation de prudence et de loyauté
dont jouit si justement M. le duc d'Otrante? Dans le
premier cas, l'instruction du ministre de la police
ressemble fort au manuel du grand inquisiteur; et je
doute que ses leçons de tactique soient du goût de
beaucoup de monde. Dans la seconde supposition,
M. le rédacteur du *Journal de l'Empire* abuse de la
liberté d'écrire, et sa fiction devrait lui mériter une
bonne réalité, par exemple..... un éteignoir.

Je conçois que, dans l'état d'agitation où se trouve
momentanément la France, le gouvernement doit
veiller avec un zèle plus rigoureux au maintien de
l'ordre. La mission des tribunaux de police secondera
puissamment l'action du ministère en l'éclairant sur
les intrigues et les menées sourdes des *incurables*
royaux qui s'agitent et se démènent, surtout en
province. Aussi n'est-ce pas la création elle-même
de ces lieutenans de police que je blâme : je me persuade d'ailleurs que leur existence ne sera que passa-
gère comme le motif de leur institution, et que, sem-
blables à ces poisons qu'on administre dans des temps
de crise et de maladie, on nous affranchira de leur
régime lorsque l'état aura repris cet équilibre, cette
stabilité que rien désormais ne pourra détruire; mais
je blâme les principes que l'on professe dans l'instruction qui serait donnée aux lieutenans de police. La
pratique de ces principes serait inquisitoriale et déso-
lante. « Il m'importe, fait-on dire au ministre, de con-

droits de la nation contre les abus de l'autorité. Malheur à celui qui, sous une apparence

---

» naître l'opinion. Suivant les circonstances, il faudra
» la chercher à de *grandes profondeurs*, ou seule-
» ment savoir *écouter ou entendre* ».

En sorte que le domaine même de la pensée serait
sous la juridiction de la police ; et l'opinion, si libre,
si indépendante, serait réduite au servage. Nous devons répondre à la société de nos actions et de notre
conduite ; nous ne devons compte à personne du sujet
de nos méditations ; la police doit prévenir et arrêter
tout fait qui, dans ses développemens, aurait des résultats dangereux ; elle doit respecter tout système qui
n'est que spéculatif.

Toute institution politique a pour objet le bonheur
public ; et le bonheur public se compose des félicités
individuelles ; la police manquerait le but de son institution si ses agens exploitaient avec l'intolérance
qu'on leur prescrit. L'homme n'est heureux que par
l'exercice de ses facultés ; et la somme de son bien être
est en proportion de la liberté dont il jouit. En enchaî-
nant ses facultés on détruit la source de ses jouissances :
eh ! quelles facultés plus nobles et plus respectables,
quelles jouissances plus pures pourrait comprimer la
police, si elle voulait scruter nos pensées et dicter nos
opinions ! Elle s'interposerait entre toutes les affections
et tous les sentimens ; dès-lors, plus de confidence sans
remords, plus d'épanchemens sans crainte, plus de
liaisons sans défiance.

Eh ! quel bien pourrait racheter tant de mal ! L'opinion publique a-t-elle besoin de la tutelle de la police ?
Non. Désormais elle ne peut plus s'égarer : sa direction
est sûre ; elle doit être indépendante. La police agit
toujours sous l'influence du gouvernement, et souvent
le gouvernement sépare ses intérêts de ceux de la nation. Au contraire, l'opinion publique travaille sans
cesse à la félicité de tous : c'est elle qui combat les
préjugés absurdes et flétrit les doctrines avilissantes ;

de loyauté, cacherait des intentions perfides, et ne dévoilerait les erreurs du gouvernement que pour paralyser ses forces !

---

c'est elle qui proclame les théories sublimes et fixe les principes immortels. N'est-ce pas elle qui régénéra la France en 89, appela les citoyens à la liberté, et anima ces phalanges guerrières qui châtièrent des ennemis imprudens? N'est-ce pas elle qui récemment vient d'écraser un gouvernement déloyal, et de ramener Napoléon sur le trône? N'est-ce pas son ascendant qui donne un ministère à Carnot, et à Grégoire (1) la mission honorable de coopérer au grand œuvre d'une constitution ? C'est elle qui, s'il le fallait, stipulerait entre les citoyens et l'armée une association d'intérêt et de gloire, et nous dicterait le serment, que nous ferions avec transport, de mourir ou de dissiper une coalition impie.

L'opinion en masse ira toujours directement au but ; quelques opinions particulières pourront diverger; le petit mal qui peut résulter de cette discordance est un sacrifice que l'on doit à la liberté.

Avec les institutions qui se préparent un gouvernement doit être impérissable : fondé sur les principes éternels de la justice et de la vérité, il n'aura besoin pour se soutenir d'aucun de ces petits moyens, de ces petites mesures, souvent aussi inefficaces que tyranniques, et qui coopèrent tôt ou tard à la chute du gouvernement qu'ils devraient protéger.

Ainsi je me persuade :

1° Que l'instruction que le *Journal de l'Empire* a publiée n'est pas l'ouvrage de M. le duc d'Otrante, et que le *Journal des Débats* a voulu faire honneur de son savoir faire à son excellence ;

2° Que si le passage que j'ai transmis se trouve en

---

(1) Il paraît que M. Grégoire n'a coopéré en rien au projet de constitution ; mais l'opinion publique, habile à discerner l'homme de bien, ne l'avait pas moins désigné.

Assiégée par les autres puissances, la France aura besoin du concours et du patriotisme de tous ses citoyens pour s'affranchir de la honte qu'on lui prépare. Je suis citoyen, je connais et j'aime les devoirs que ce beau titre impose. Mon intention n'est pas d'arrêter chez les autres l'énergie et la résolution que je partage ; je veux montrer qu'on peut aimer à la fois son prince, sa patrie et la liberté. Puisse Napoléon se persuader que le salut de la France et le sien dépendent peut-être du noble abandon qu'il fera *d'un Acte additionnel* et incomplet, que la sagesse désavoue, et que l'opinion rejette !

---

effet dans les instructions du ministre, MM. les lieutenans de police ne suivront pas leur catéchisme avec un zèle trop rigoureux ;

3° Enfin, que des considérations d'un ordre supérieur ont seules motivé des précautions aussi rigoureuses, et qu'au retour prochain de l'ordre et du repos on leur substituera des doctrines plus libérales.